www.ingramcontent.com/pod-product-compliance
Lightning Source LLC
LaVergne TN
LVHW010435070526
838199LV00066B/6031
9789369087624

اگر برا نہ لگے

(طنزیہ و مزاحیہ منتخب نظمیں)

ہلال سیوہاروی

© Hilal Sivharvi

Agar bura na lage *(Humorous Satirical Poetry)*
by: Hilal Sivharvi
Edition: January '2025
Publisher :
Taemeer Publications LLC (Michigan, USA / Hyderabad, India)

ISBN 978-93-6908-762-4

9 789369 087624

مصنف یاناشر کی پیشگی اجازت کے بغیر اس کتاب کا کوئی بھی حصہ کسی بھی شکل میں بشمول ویب سائٹ پر اَپ لوڈنگ کے لیے استعمال نہ کیا جائے۔ نیز اس کتاب پر کسی بھی قسم کے تنازع کو نمٹانے کا اختیار صرف حیدرآباد (تلنگانہ) کی عدلیہ کو ہوگا۔

© ہلال سیوہاروی

کتاب	:	**اگر برا نہ لگے** (منتخب نظمیں)
مصنف	:	**ہلال سیوہاروی**
صنف	:	مزاحیہ شاعری
ناشر	:	تعمیر پبلی کیشنز (حیدرآباد، انڈیا)
سالِ اشاعت	:	۲۰۲۵ء
صفحات	:	۶۰
سرورق ڈیزائن	:	تعمیر ویب ڈیزائن

اگر برا نہ لگے (طنزیہ مزاحیہ شاعری) ہلال سیوہاروی

انتساب

بھارت کے پسماندہ عوام کے نام

تاثرات

طنز نگاری نہایت مشکل صنفِ سخن ہے۔

مزاحیہ شاعری اور طنز نگاری میں بنیادی فرق یہ ہے کہ مزاح نگار شاعر فرسودہ اور بے مقصد جملوں اور فقروں سے لطف پیدا کرتا ہے اُس کا بنیادی مقصد صرف ہنسانا اور قہقہے لگانے پر سامعین کو مجبور کرنا ہوتا ہے۔ مزاحیہ کلام پیش کرتے وقت شاعر کی حرکات وسکنات کو بھی بڑا دخل ہوتا ہے مزاحیہ شاعری کے پس پردہ کوئی پیغام یا فکر کارفرما نہیں ہوتی بلکہ شاعر وقتی طور پر صرف سامان تفریح فراہم کرنا چاہتا ہے لیکن طنز نگار شاعر کوئی بات بے مقصد نہیں کہتا اُس کے ہر شعر میں تیر ونشتر نہاں ہوتے ہیں جسے ہلکی سی مزاح کی چاشنی دے کر سننے اور پڑھنے والوں کو تبسم زیر لب کے ساتھ غور وفکر کی دعوت دیتا ہے۔ اِسی لیے اردو شعروادب کی تاریخ میں طنز نگار شاعر بہت کم اپنا مقام بنا سکے ہیں اکبر الہ آبادی ظریف لکھنوی رضا نقوی واہی شہباز امروہوی کے سلسلے کا ایک معتبر نام ہلالؔ سیوہاروی بھی ہے۔

ہلالؔ سیوہاروی تقریباً چالیس سال سے مشاعروں میں اپنا طنزیہ کلام پیش کر رہے ہیں انھوں نے اپنی شاعری سے ایک ماہر سرجن کا کام لیا ہے سماج کے مختلف زخموں پر عمل جراحی کرتے ہیں بعض اوقات مریض شدّت تکلیف میں چیختا اور ناراض ہوتا ہے اور ڈاکٹر کو اپنا بدخواہ سمجھتا ہے مگر کوئی سرجن مریض کی ناراضگی سے خود کبھی خفا نہیں ہوتا بلکہ اور زیادہ توجہ اور محنت سے زخم کو مندمل کرنے کی کوشش جاری رکھتا ہے۔

ہلالؔ سیوہاروی نے اپنی نظموں میں ایسے الفاظ کا انتخاب کیا ہے جو ہر آدمی آسانی سے سمجھ سکے اور وہ بھی بغیر کسی نفسیاتی الجھن کے۔

مجھے یقین ہے کہ ہلالؔ سیوہاروی کا یہ نسخہ "اگر بُرا نہ لگے" طنزیہ شاعری کے ذخیرے میں گراں قدر اضافہ ثابت ہوگا یہ نسخہ صرف شاعری کا مجموعہ ہی نہیں بلکہ ایک تاریخی دستاویز ہے جس میں ہمارے عہد کے اوقات وواقعات کسی رنگ آمیزی یا پردہ پوشی کے بغیر اپنی اصل حیثیت میں موجود ہیں جو ہماری نسل کے لیے مشعل راہ بنیں گے کیوں کہ آئینہ دیکھے بغیر چہرے کی آرائشی یا بدنمائی کا تصور محال ہوتا ہے۔ ہلالؔ انھیں نظموں کو لیکر یورپ اور دیگر عرب ممالک کا دورہ کر چکے ہیں۔

حیات وارثی
اُردو ہندی سنگم، لکھنؤ

کچھ اپنے بارے میں

میرا نام حبیب الرحمٰن تخلص ہلالؔ والد صاحب کا نام قاضی فضل حق صاحب وطن قصبہ سیوہارہ ضلع بجنور یوپی ہے میں ۱۵؍جنوری ۱۹۲۸ء کو پیدا ہوا شعری ذوق ورثہ میں ملا تھا میرے پردادا جناب قاضی ظہور الحق صاحب فارسی کے بڑے اور خوش گو شاعر تھے۔

دادا صاحب قاضی مظہر الحق صاحب کو میں نے بچپن میں دیکھا ہے اور مجھے اچھی طرح یاد ہے کہ وہ اُردو میں بہت اچھے شاعر تھے۔ ہمارے یہاں عربی فارسی اُردو کی تعلیم کے لیے ایک مدرسہ قائم تھا جسے ہمارے بزرگوں نے قائم کیا تھا اور یہ مدرسہ کئی پشتوں تک چلتا رہا۔

۱۹۳۶ء میں جب میری عمر ۸ سال کی تھی میں بھی اُسی مدرسہ میں داخل کیا گیا اُس زمانے میں میرے تایا جناب منشی عبدالحق صاحب مدرسہ چلا رہے تھے۔

میری سیماب مزاجی اور لااُبالی پن نے تعلیم کے سلسلے کو جاری نہ رہنے دیا اور میں نے تیسری جماعت کے بعد مدرسے جانا چھوڑ دیا۔

۱۹۴۶ء میں شوگر مل سیوہارہ میں ایک فٹر کی حیثیت سے ملازمت کرنے لگا ۴۱ سال کے بعد ریٹائر ہو گیا۔ اس فیکٹری کے مالک جناب کرشن کمار برلا ہیں۔ مجھے یاد نہیں کہ میں نے شعر کہنا کب سے شروع کیا مختصر یہ کہ ہر اصناف سخن میں طبع آزمائی کی نظم، غزل، قصیدہ، ہجو الغرض ہر انداز سے خود کو دیکھا اور پرکھا۔ مزدوروں کے مسائل اور محنت کشوں کے حالات سے آگاہی میرے عملی کردار کا ایک حصّہ ہے میری نظموں کو نیم سیاسی طنزیہ نظمیں کہا جا سکتا ہے۔

۱۹۵۶ء میں، میں نے جامعہ بورڈ علی گڑھ سے ادیب ماہر کا امتحان پاس کیا اور اُس بہانے میرؔ، غالبؔ، انیسؔ، دبیرؔ، اور علامہ اقبالؔ اور دوسرے ادیب اور شعراء کو پڑھنے کا موقع مل گیا۔ میں نے اپنی شاعری کو ہمیشہ عوامی شاعری بنانے کی کوشش کی ہے میں جس طبقے کا نمائندہ ہوں وہ میری شاعری کیلئے خام مال فراہم کرتا ہے ؎ نہ ستائش کی تمنّا نہ صلہ کی پرواہ بس یہ میری کاوش کہیں سے بھی قارئین کو پسند آگئی تو میں سمجھوں گا کہ میری محنت رائیگاں نہیں گئی۔

ہلال سیوہاروی
سیوہارہ ضلع بجنور، یوپی۔ پن: ۲۴۶۷۴۶

چند لفظوں میں

دن بھر کی محنت اور مشینوں کے ناگوار گوش گراں شور میں شاعری کی خوش گوار لہریں دو متضاد عناصر ہیں مگر ہلالؔ سیوہاروی کی تخلیق اور ترقی کا انحصار اور بنیاد یہی تضاد ہے ہلالؔ اپر گنجز شوگر مل سیوہارہ میں ایک فٹر کی حیثیت سے کام کرتے رہے انھیں کسب معاش کے لیے دن بھر سخت محنت کرنا پڑتی تھی مگر ان کا شاعرانہ مزاج اور فن کارانہ فطرت اس غیر شعری ماحول میں بھی مصروف عمل رہتی تھی۔

زندگی کی تلخ حقیقتوں سے گزرنے والے اس شاعر نے موجودہ سماج اور سیاست کے اُن پردوں کو بڑی فن کاری سے اُٹھایا ہے جن کے عقب میں مضحکہ خیز مناظر موجود ہیں انھیں مناظر کے مشاہدے سے اُنھوں نے طنزیہ پیکر تراشے ہیں۔

ہلالؔ نے کونین کی طرح تلخ حقیقتوں کو شکر میں لپیٹ کر سماج کے چڑھے ہوئے بخار کو اُتارنے کے لئے اُنھیں پیش کیا ہے۔

جن اقتصادی حالات میں ہلالؔ سیوہاروی نے پرورش پائی ہے اُس میں دماغی نشوونما کی توقع نہیں کی جاسکتی تھی لیکن شعر گوئی ایک فطری عمل ہے ان کو شعر گوئی کا جذبہ اور سلیقہ فطری طور پر ملا ہے ان کا اکتسابِ علم ان کی ذاتی کوشش کا نتیجہ ہے انھوں نے اُردو ہندی انگریزی تعلیم اپنی محنت اور لگن سے حاصل کی ہے انھوں نے اپنے پیروں کی پھٹی بوائی سے پیر پرائی کو پہچانا ہے۔

موجودہ سماج اور سیاسی بدلتی ہوئی اقدار کو ہلالؔ صاحب نے ناقدانہ نگاہ سے دیکھا ہے انھوں نے اپنی نظموں میں موجودہ حالات کو جس انداز میں آئینہ دکھایا ہے اُس کے عکس طنزیہ شاعری کا شاہکار بن گئے ہیں۔

میں ہلالؔ سیوہاروی کو "اگر برا نہ لگے" کی اشاعت پر مبارک باد پیش کرتا ہوں اور امید کرتا ہوں اس مجموعہ منفرد کو قدر کی نگاہ سے دیکھا جائے گا۔

ڈی۔این۔پنت
لیبر ویلفیر آفیسر
یو۔جی۔ایس۔ایم۔لمیٹڈ سیوہارہ
(یو۔پی)

فہرست مضامین

نمبر شمار	نظم	صفحہ
۱	گٹھ جوڑ	۸
۲	ویری سوری	۱۲
۳	خون کی مانگ	۱۵
۴	انگوٹھا چھاپ	۱۹
۵	نہرو عالم ارواح میں	۲۳
۶	کتوں کی کانفرنس	۲۸
۷	سرخ بادل	۳۱
۸	جوتا	۳۴
۹	ایمرجنسی	۳۷
۱۰	مسز گاندھی کی دوبارہ کامیابی پر	۴۰
۱۱	مچھروں سے پریشان ہوکر	۴۲
۱۲	غالب گھر	۴۵
۱۳	غالب ہمدرد دواخانے میں	۴۹
۱۴	مشورہ برائے مشاعرہ	۵۱
۱۵	ایک اعتراض	۵۴

۸

گٹھ جوڑ (۱۹۶۳ء)

الیکشن کا ایک جیتا ہوا کینڈیڈیٹ ہارے ہوئے کینڈیڈیٹ سے صلح کی بات کرتے ہوئے ـــ

اب کریں کوئی گلہ ہم بھی نہیں تم بھی نہیں
آؤ مل جائیں خفا ہم بھی نہیں تم بھی نہیں

ہم میں کوئی بھی ہو ہر ایک کو ہے عزت پیاری
تم کو کرسی کی ہوس ہم کو ہے دولت پیاری
تم کو اس دیش کا غم ہم کو حکومت پیاری
گویا ہر شے ہے ہمیں حسب ضرورت پیاری

ان وچاروں میں جدا ہم بھی نہیں تم بھی نہیں
آؤ مل جائیں خفا ہم بھی نہیں تم بھی نہیں

تم تو بیکار ہی آئے تھے ہمارے آڑے
خیر اب جانے بھی دو جیت گئے یا ہارے
اس الیکشن میں ہوئے کتنوں کے وارے نیارے
یہ تو بتلاؤ کہ انکم بھی ہوئی کچھ پیارے

بات رکھیں یہ چھپا ہم بھی نہیں تم بھی نہیں
آؤ مل جائیں خفا ہم بھی نہیں تم بھی نہیں

کرلو آئندہ الیکشن کا ارادہ پکا
دیکھ لو ہاتھ میں کس کے ہے حکم کا اِکّا
سوچ لو کھیل چکا کون چڑی کا ستّا
بھانپ لو یہ بھی کہ بدرنگ ہے کس کا پتّا

۹

داؤں ہارا جو ذرا ہم بھی نہیں تم بھی نہیں
آؤ مل جائیں خفا ہم بھی نہیں تم بھی نہیں

اب بھی بھارت میں بہت لوگ ہیں سیدھے سادے
یہ بہک جاتے ہیں جس طرح کوئی بہکا دے
مان جاتے ہیں انھیں جیسے کوئی سمجھا دے
حرج بھی کیا ہے جو دو چار سے کر لو وعدے

یوں تو پابند وفا ہم بھی نہیں تم بھی نہیں
آؤ مل جائیں خفا ہم بھی نہیں تم بھی نہیں

فرقہ وارانہ فضا کو بھی دبائیں گے ضرور
ہندو مسلم میں جو جھگڑا ہے مٹائیں گے ضرور
جیو ہتیا کے لیے بند لگائیں گے ضرور
ہاں کہیں مرغ ملے گا تو اڑائیں گے ضرور

چھوڑتے ایسی غذا ہم بھی نہیں تم بھی نہیں
آؤ مل جائیں خفا ہم بھی نہیں تم بھی نہیں

دیکھو اس طرح تو ہوتی ہے سیاست کھوٹی
یہی خواہش ہے کہ بے فکری کی کھاؤ روٹی
یہی مطلب ہے کہ اک تم بھی بناؤ کوٹھی
یہی مقصد ہے کہ پھانسو کوئی چڑیا موٹی

سوچتے اس کے سوا ہم بھی نہیں تم بھی نہیں
آؤ مل جائیں خفا ہم بھی نہیں تم بھی نہیں

سب ہی کہتے ہیں کہ یہ پونجی پتی ہیں مغرور
کام آتے ہیں الیکشن میں یہی لوگ حضور

اگر برا نہ لگے (طنزیہ مزاحیہ شاعری) ہلال سیوہاروی

۱۰

دوستی ٹاٹا و برلا سے بھی رکھنی ہے ضرور
اب رہے وہ جو ہیں بھارت میں پریشاں فرور

چاہتے ان کا بھلا ہم بھی نہیں تم بھی نہیں
آؤ مل جائیں خفا ہم بھی نہیں تم بھی نہیں

یہ تو دنیا ہے ہر اک وار کو سہنے دیجئے
وقت کا دھارا جدھر بہتا ہے بہنے دیجئے
جو مخالف ہے مخالف اُسے رہنے دیجئے
کوئی کہتا ہے بے ایمان تو کہنے دیجئے

مانتے اس کا بُرا ہم بھی نہیں تم بھی نہیں
آؤ مل جائیں خفا ہم بھی نہیں تم بھی نہیں

اپنے بھائی ہیں مسلمان مناؤ ان کو
سیدھا سادہ سا طریقہ ہے پٹاؤ ان کو
مولوی جی کو بلاؤ کر پڑھاؤ ان کو
چند قرآن کی آیات سناؤ ان کو

ہیں وہی ان کی دوا ہم بھی نہیں تم بھی نہیں
آؤ مل جائیں خفا ہم بھی نہیں تم بھی نہیں

بھائیو کچھ بھی ہو ہر سال یہ بازی جیتو
کوئی صورت ہو بہر حال یہ بازی جیتو
کوئی پھیلانا پڑے جال یہ بازی جیتو
کچھ کمانا ہے اگر مال یہ بازی جیتو

ویسے دنیا میں سدا ہم بھی نہیں تم بھی نہیں
آؤ مل جائیں خفا ہم بھی نہیں تم بھی نہیں

قطعات

اک گدھے سے کہا میں نے کہ میاں اچھے ہو
بولا اینٹوں سے لدا پھرتا ہوں کیا اچھا ہوں
میں نے اُس سے کہا اس دور میں لیڈر بن جا
بولا اس سے تو میں سرکار گدھا اچھا ہوں
کوئی تعمیر ہو لدتی ہیں مجھی پر اینٹیں
پھر بھی مہنگا نہیں کچھ سستے ہی دام آتا ہوں
اپنے بنگلوں میں پڑے رہتے ہیں لیڈر اکثر
میں گدھا ہو کے بھی اِس دیش کے کام آتا ہوں

۱۲

ویری سوری

میں جب پہلی بار بمبئی گیا تو یہ حادثہ پیش آیا جسے میں نے مزاحیہ انداز دیا ہے
مگر موضوع سنجیدہ ہے۔ سنہ ۱۹۶۶ء۔

بمبئی میں سب سے پہلے میں نے جب رکھا قدم
دیکھ کے حیراں تھا اُس شہر حسیں کے پیچ خم
ایسا البیلا کہ تھا ہر چیز میں اک بانکپن
جیسا سنتا تھا کہ ہے وہ شہر شہروں کی دُلہن
سب تماشائی ملے اپنا نہ بے گانہ کوئی
یوں ہوا محسوس جیسے آئینہ خانہ کوئی
اس طرح بے چین تھی ہر شے سنورنے کے لئے
جیسے پیدا ہی نہیں ہوتی ہے مرنے کے لئے
دوسرے دن ایک لوکل بس میں بیٹھا جان کر
میں بھی دیکھوں زندگی مصروف ترہے کس قدر
بس ذرا بیٹھا ہی تھا کہ ہو گئی حیراں نظر
ایک میڈم دھم سے آبیٹھیں برابر سیٹ پر
ایسی خوشبو کی لپٹ آئی کہ نشہ ہو گیا
مجھ کو جس اسٹاپ پہ رُکنا تھا اُس پر سو گیا
جب ذرا جاگا تو وہ بیٹھی ہوئی تھی مستقل
ساری بس میں پھر وہی خوشبو بسی تھی مستقل
ایک نازک پرس بھی رکھے ہوئے تھی ساتھ میں
جیسے اس کا نامۂ اعمال اُس کے ہاتھ میں

بار بار اُس کو نچاتی تھی عجب انداز سے
بے سبب ہی مسکراتی تھی عجب انداز سے
میں بھی تو روزِ ازل سے تھا پرستارِ جمال
ایک دل میں سیکڑوں آتے تھے رہ رہ کے خیال
اتنی قربت اور اس انداز سے وہ ہم سفر
میں بھی ہوں اولادِ آدم جس کو کہتے ہیں بشر
اُس نے پھر اک خط نکالا غور سے پڑھنے لگی
جیسے اُس کے دل کی دھڑکن دفعتاً بڑھنے لگی
پڑھتے پڑھتے خط کو بس رونے لگی زار و قطار
جانے اس میں کیا لکھا تھا ہو گئی جو بیقرار
محوِ حیرت تھا جو اک منظر نظر آیا نیا
میں جسے جانِ غزل سمجھا تھا نکلی مرثیا
جب بہے آنسو تو اُس چہرے کی رنگت دھل گئی
جوڑا کچھ سرکا تو بالوں کی سفیدی کھُل گئی
اُس کا کاجل اُس کی آنکھوں کی جھرڑی دھونے لگی
زرد ہونٹوں پر لپسٹک پھوٹ کر رونے لگی
جھرّیاں واضح نظر آنے لگیں رخسار کی
کچھ حقیقت ہی نہ نکلی ریت کی دیوار کی
میں خجل تھا کس تصور کو لئے بیٹھا تھا میں
ہائے یہ بوڑھی ہے اس کو دل دیے بیٹھا تھا میں
یہ بڑھاپا اور یہ میکپ خدا کی تم پہ مار
اے بڑی بی کس لئے سوجھا تھا یہ تم کو سنگار

یوں لگی کہنے کہ بیٹے تجھ کو کیا اس کی خبر
آج کی دنیا میں انساں پر نہیں کرتے نظر
جوہر انسانیت کی قدر و قیمت اب کہاں
صرف یہ دنیا نمائش ہے حقیقت اب کہاں
میرا یہ میکپ نہ تھا رنگ طبیعت کے لئے
میں نے یہ ارتھی سجائی تھی ضرورت کے لئے

قطعہ

تجھے سلام عقیدت ہو میری ارض وطن
نمازیوں کی شہادت قبول کر لینا
رگوں میں جتنا لہو ہے تری امانت ہے
جہاں جہاں ہو ضرورت وصول کر لینا

خون کی مانگ

مزدوروں کے ایک جلسے میں زخمی فوجیوں کے لئے سرکار کی طرف سے ایک اپیل پر یہ نظم ۱۹۶۴ء میں کہی گئی۔

خون کی مانگ ہے اس دیش کی رکشا کے لئے
میرے نزدیک یہ قربانی ہے چھوٹی دے دو
لیکن ارباب حکومت سے بھی کہنا ہے مجھے
جن سے خوں مانگ رہے ہو انھیں روٹی دے دو

ان غریبوں کا لہو بہہ چکا بن کے پانی
زندگی ہے کہ بہر حال لیے بیٹھے ہیں
خشک ڈھانچوں سے نچوڑو نہ لہو کی بوندیں
خون لو اُن سے کہ جو خون پیئے بیٹھے ہیں

جن کے چہروں پہ چمکتا ہے غریبوں کا لہو
جن کی آنکھوں میں جھلکتا ہے غریبوں کا لہو
اُن کے میخانوں میں جاؤ تو کبھی رات ڈھلے
اُن کے ساغر سے چھلکتا ہے غریبوں کا لہو

زر پرستوں کے چلو چل کے ٹھکانے دیکھو
خون ہی خون ہے تم اُن کے خزانے دیکھو

اُن خزانوں میں مروت کا لہو پاؤ گے
کسی فنکار کی محنت کا لہو پاؤ گے
کسی دوشیزہ کی عصمت کا لہو بھی ہوگا
کسی بیوہ کی امانت کا لہو پاؤ گے

۱۶

سستے داموں جو لیا ہے وہ لہو اُن سے لو
اُن کے شیشوں میں بھرا ہے وہ لہو ان سے لو

پونجی والو بڑا احسان کیا ہے تم نے
قوم کا دامن صد چاک سیا ہے تم نے
وقت کی نبض کو پہچان لیا ہے تم نے
آج سونے کا بڑا دان دیا ہے تم نے

اب رہا خون سو وہ اہل جنوں دیدیں گے
سونا دینے کو نہ ہوگا تو یہ خوں دے دیں گے

آج ہر ایک کے آگے ہے بھیانک انجام
زر پرستوں تمہیں ناموس وطن سے کیا کام
اپنی پونجی سے بنائے رکھو جنتا کو غلام
تم اشاروں پہ نچاتے رہو دنیا کا نظام

تم تو ماحول پہ چھائے ہو لہو کیوں دو گے
تم لہو چوستے آئے ہو لہو کیوں دو گے

سرفروشی کے تقاضوں سے گزرنے والے
موت کے سامنے جانے سے نہ ڈرنے والے
شان سے نیفا و لداخ میں لڑنے والے
ہم غریبوں کے سوا کون تھے مرنے والے

کوئی چنگاری نہیں ہے جو سلگ جاتی ہے
پیٹ کی آگ ہی بارود میں لگ جاتی ہے

برف پر خون کی بوندوں کا جماؤ دیکھو
اپنے ہاتھوں میں وہ قطرات اٹھاؤ دیکھو

۱۷

دیکھنا ہے تو ذرا رنگ سلاؤ دیکھو
اپنے سونے کی سلاخوں کو تپاؤ دیکھو
گرم ہو کر جو ذرا رنگ نکھر آئے گا
ہم غریبوں کا لہو صاف نظر آئے گا

دیکھو وہ سامنے مزدور چلے آتے ہیں
سخت محنت سے بدن چور چلے آتے ہیں
عیش و راحت سے بہت دور چلے آتے ہیں
گئے رنجور تھے رنجور چلے آتے ہیں

خون تو خون پسینہ بھی نہیں لائے ہیں
وہ بھی دامن میں مشینوں کے بہا آئے ہیں

تم نے ان درد کے ماروں سے لہو مانگا ہے
جنہیں ہر دور میں دو دن کبھی راحت نہ ملی
ان کے خوں کی کوئی قیمت ملے ممکن ہی نہیں
آج تک جن کے پسینے کی بھی قیمت نہ ملی

جذب و ایثار تو تا حد یقیں ہے ان میں
جسم رکھتے ہیں مگر خون نہیں ہے ان میں

جب خبر تھی کہ اچانک یہ ضرورت ہو گی
تم نے بے وجہ بہا ڈالا فسادات میں خوں
جاؤ لاہور و جبل پور کی سڑکیں دیکھو
جہاں سر پیٹتا پھرتا تھا مذاہب کا جنوں

کہیں ہولی کے بہانے تو کہیں عید کے دن
تم نے اس خون کا اک جشن منایا برسوں

۱۸

آج انساں کے اُسی خوں کی ضرورت ہے تمہیں
تم نے جس خون کو سڑکوں پہ بہایا برسوں

جاؤ اُن فرقہ پرستوں کو جھنجوڑو جا کر
ان کے دامن میں لہو ہے وہ نچوڑو جا کر

زخمی فوجوں کے لیے پیش کریں گے خوں بھی
خون کو خون بھلا کیسے بھلا سکتا ہے

تم نے جانا تو سہی خون کی قیمت کیا ہے
ہم غریبوں کا لہو جاں بھی بچا سکتا ہے

انگوٹھا چھاپ

ایک ان پڑھ دیہاتی جب ممبر پارلیمنٹ منتخب ہوا پہلی بار کونسل جاتے ہوئے بیوی سے مخاطب ہے۔ ۱۹۶۳ء

کس طرف ہے دھیان جلدی کر ذرا کلو کی ماں
کون سے دھندے میں ہے تو چیختا ہوں میں یہاں
وقت کم ہے میرے سینے سے نکلتا ہے دھواں
لا مرا بیڑی کا بنڈل اور ماچس ہے کہاں

کچھ نہ کچھ تو ساتھ بھی ہو راستے کے واسطے
گیر دے دو چار پھلکے ناشتے کے واسطے

اوڑھنے کے واسطے لا دے ذرا اپنی ہی شال
ایک گاندھی کیپ ٹوپی کا بھی رکھنا ہے خیال
لا دہ میرے بیاہ کی اچکن ذرا جلدی نکال
لا مری جوتی بھی لا لایا تھا جو میں پچھلے سال

جب مجھے دلی ہی جانا ہے تو جاؤں ٹھاٹ سے
کام کر بس مان جا جلدی سے اُٹھ جا کھاٹ سے

لا ہمارہ سوپ صابن سے نہلا دے آج تو
لا ذرا سا تیل بالوں میں لگا دے آج تو
لا ذرا سی آنکھ میں سیاہی گرا دے آج تو
ہو تری بھی کوئی فرمائش بتا دے آج تو

اگر برا نہ لگے (طنزیہ مزاحیہ شاعری) ہلال سیوہاروی

۲۰

جو وہاں پیسے ملیں گے کیا میں سب کھا جاؤں گا
واسطے تیرکوئی زیور ہی لیتا آؤں گا

یہ بتا دے نیکلس پیرے گی یا چمپا کلی
یا کوئی ہلکا سا لاکٹ یا وہ پائل باجتی
یا بھاری جھومکے جن کی تھی میری بھی خوشی
یا وہی کنگن کہ جن کو تو بھی کہوے تھی کبھی

جلد بتلا دے کہ دروازے پہ گاڑی آگئی
مجھ پہ جتنا وقت تھا وہ وقت تو ہی کھا گئی

دیکھ میرے ذہن میں آیا ہے اک تازہ پلان
سب سے پہلے مجھ کو بنوانا ہے خود اپنا مکان
دیکھ لے اس سال لالی کے بھی چھدوانے ہیں کان
دیکھ اُس کا بیاہ کرنا ہے جو للّو ہے جوان

میں تو خود حیران ہوں مالک کی قدرت دیکھ کر
ممبری دی ہے مجھے بچوں کی کثرت دیکھ کر

دیکھ کلّو اب نہیں جائے گا ڈنگر کھولنے
ایکھ للّو بھی نہ جائے گا کسی کی چھولنے
دیکھ لالی کو بھی مت دیکھو کسی سے بولنے
تیرا سُلہڑ بھی لگا ہے اب پروں کو تولنے

ان کو سمجھا دیو کہ اب ہم لوگ عزت دار ہیں
رشتہ کرنے کے لیے مکھیا بھی خود تیار ہیں

یہ تو بتلا ایک دو موڑھا بھی لیتا آؤں کیا
کوئی گھر پہ آنکلتا ہے تو میں بٹھلاؤں کیا

اگر برا نہ لگے (طنزیہ مزاحیہ شاعری) ہلال سیوہاروی

۲۱

ایک چنتا اور ہے مجھ کو تجھے سمجھاؤں کیا
کوئی میری ذات پوچھے تو وہاں تبلاؤں کیا

کچھ بھی کہہ دوں گا ہزاروں ڈھنگ ہیں اک بات کے
کیا وہاں سارے کے سارے ہونگے اونچی ذات کے

خیر دیکھا جائے گا وہ دن ذرا آنے تو دے
تو اپوزیشن میں میرا رنگ جم جانے تو دے
اُس اکھاڑے میں مجھے دو ہاتھ دکھلانے تو دے
کونسل ہاؤس میں اک تقریر فرمانے تو دے

بس ذرا جانے دے دلّی کی زیارت کے لیے
کیا خبر میں ہی چُنا جاؤں وزارت کے لیے

الغرض یہ چل دیا دلّی کو فخرِ خاندان
قوم کا محبوب لیڈر فاتحِ ہندوستان
اپنے مقصد کے لیے تھے سیکڑوں دل میں پلان
اس کی بدھی میں کہاں تھا دیش کی سیوا کا دھیان

قوم کی خدمت کا اس میں کوئی اِبل ہوتا نہ تھا
ایسا ٹاپک کوئی اس کے ذہن کو چھوتا نہ تھا

جس گھڑی ایوان میں پہنچا پسینہ آ گیا
شان و شوکت دیکھ کر اک بار تو گھبرا گیا
منتری پہرے پہ دیکھے دیکھ کے تھرّا گیا
کوئی بولا ممبر ہیں آپ تو شرما گیا

چوں کہ کم مایہ حقیقت کا اِسے احساس تھا
لیکن اس کی اِنٹری کا پاس اس کے پاس تھا

۲۲

کچھ نہیں سمجھا کہ کیا کچھ ہے یہاں کا اہتمام
کس طرح چلتا ہے اس ہاؤس سے بھارت کا نظام
ہوگیا جب افتتاح اور آگئے سب خاص و عام
داد کے قابل ہے جو اس نے کیا اس وقت کام
دفعتاً ہاؤس کے جلووں میں بچارہ کھو گیا
نرم کرسی پہ جو بیٹھا بیٹھتے ہی سو گیا

نہرو عالم ارواح میں

۱۹۶۴ء

یہ نظم صرف ایک تصور ہے کہ پنڈت جی کا وہاں کیسا استقبال ہوا ہوگا۔

جیسے ہی عالم ارواح میں پہونچے نہرو
دیکھا موجود تو ہیں سارے شہیدان وطن
لیکن اک خاموشی چھائی ہے توقع کے خلاف
جانے کس بات پہ ہے سب کی جبینوں پہ شکن
جیسی اُمید تھی وہ شدت جذبات نہیں
خیر مقدم یا سواگت کی کوئی بات نہیں

رُک گئے اٹھتے ہوئے پاؤں شہیدوں کی طرف
دیکھا جس سمت اُدھر بگڑے ہوئے تھے تیور
تاب بیگانگیٔ اہل وفا لا نہ سکے
اشک بھر لائے لگی چوٹ سی دل پہ جاکر
بے سبب ایسی سزا قابل برداشت نہ تھی
دوستوں کی یہ ادا قابل برداشت نہ تھی

بوہرو شوکت آزاد کی جانب دیکھا
ملتفت کوئی نہ ہوتا تھا عجب عالم تھا
باپو چپ تھے تو اُدھر ملکۂ جھانسی خاموش
ٹیپو سلطان کو دیکھا تو الگ برہم تھا
یوں کچھ پرسش حالات نہیں کرتے تھے
گو کھلے اور تلک بات نہیں کرتے تھے

نہرو حیران و پریشان تھے یہ راز ہے کیا
کچھ نہیں سمجھے کہ احباب کا انداز ہے کیا
بے گناہی نے دیا بڑھ کے سہارا آخر
جی کڑا کر لیا نہرو نے پکارا آخر

کون سے جرم کی پاداش ہے یہ طرزِ عمل
جلد بتلاؤ یہ توہینِ وفا کیسی ہے

جس کا بدلا ہے یہ بیگانہ روی بے مہری
کچھ تو بتلاؤ کہ آخر وہ خطا کیسی ہے

غم و اندوہ کی تصویرِ مجسم کیوں ہو
منہ سے کچھ بولو تو میں سمجھوں کہ برہم کیوں ہو

اتنا سننا تھا کہ بس جوالا مکھی پھوٹ پڑا
آ گیا خون میں سردار بھگت سنگھ کے ابال
شیرِ پنجاب جو گرجا تو فضا گونج اٹھی
تلخ انداز میں کرنے لگا نہرو سے سوال

یہ تو بتلا دے کہ یارانِ وطن کیسے ہیں
اے نگہبانِ چمن اہلِ چمن کیسے ہیں

میں نے چھوڑا بھڑکتے ہوئے شعلوں میں وطن
یہ بتا ان میں کوئی شعلہ بجھا ہے کہ نہیں
وہ جو اک بھوک کا منڈلایا ہوا تھا بادل
زندگی کے کسی گوشے سے چھٹا ہے کہ نہیں

کیا کوئی ٹھیس لگی ہند کے زرداروں کو
سانس لینے کی بھی مہلت ملی ناداروں کو

۲۵

ننگے سر ننگے بدن اور وہ ننگے پاؤں
کیا اُسی حال میں مزدور جئے جاتے ہیں
وہ درندے جو تھے انسان کے خوں کے پیاسے
کیا غریبوں کا لہو اب بھی پئے جاتے ہیں
وہ طلسم زر و زردار بھی توڑا تو نے
فاقہ کش قوم کو کس حال میں چھوڑا تو نے

رات کو بھوکے تو سوتے نہیں اُن کے بچے
کیا میسّر اُنھیں تھوڑی سی غذا ہے کہ نہیں
اب بھی کوٹھوں پہ جوانی کا وہی رقص ہے کیا
عصمتوں کا کہیں نیلام رُکا ہے کہ نہیں
غیر محفوظ کسی بیوہ کی عزّت تو نہیں،
ایک روٹی کہیں اک لاج کی قیمت تو نہیں

اپنی سیماؤں پہ دشمن نے کیا ہے قبضہ
سخت بے چین ہوں تو اُس کی حقیقت بتلا
جس کی خاطر چڑھے ہم دار پہ ہنستے ہنستے
آج پھر نرغہ میں آیا ہے وہ بھارت بتلا
یہ بتا میری شہادت کا بدل کیا ٹھہرا
یہ بتا جنتِ کشمیر کا حل کیا ٹھہرا

دیش سے داغ غلامی کے مٹانے والے
تجھ سے اک فرقہ پرستی بھی مٹائی نہ گئی
ساری دنیا کے لیے امن کا پیغام دیا
گھر میں جو آگ لگی تھی وہ بجھائی نہ گئی

۲۶

اب بتا اس کے سوا تجھ کو بھلائی کیا دیں
تیرا ناکام سفر ہے تو بدھائی کیا دیں

ہر طرف عالم ارواح میں سناٹا تھا
گرم گفتار بھگت سنگھ تھے کہے جاتے تھے
پیکر صبر تحمل تھے جناب نہرو
صرف خاموش تھے ہر وار سہے جاتے تھے

فرض تھا اِن کی شہادت کا بھی کچھ پاس رہا
کچھ شکایت بھی بجا تھی انھیں احساس رہا

دل میں نہرو کے مگر قوتِ برداشت تھی کم
بس زباں کھل گئی آخر کوئی چارہ نہ رہا
ضبط بھی حد سے گزر جائے تو پھر ضبط کہاں
ضبط کیا کرتے کہ جب ضبط کا یارا نہ رہا

بولے میرا ہی جگر تھا اے شہید اعظم
جس کشاکش میں مرے سولہ برس بھی بیتے

میں نے کس طرح گزاری ہے تمہیں کیا معلوم
تم میری جگہ جو ہوتے تو نہ دو دن جیتے
تم نے تصویر کا بس ایک ہی رُخ دیکھ لیا
کاش میرا دل رنجور بھی دیکھا ہوتا

عمر بھر جو کسی مرہم کو ترستا ہی رہا
میرے سینے کا وہ ناسور بھی دیکھا ہوتا

دل پہ تا زیست تو اُس قوم نے نقاشی کی
تم ملے آج تو تم نے بھی نمک پاشی کی

۲۷

تم نے اک اپنی شہادت کا جہاں ذکر کیا
میرا جذبہ مرا ایثار تو دیکھا ہی نہیں
مشتعل ہو گئے جس قوم کی بد حالی پر
تم نے اُس قوم کا کردار تو دیکھا ہی نہیں

جن کے فرسودہ مسائل سے نکل ہی نہ سکا
لاکھ چاہا کہ سنبھل جاؤں سنبھل ہی نہ سکا

اصل میں قوم اس اعزاز کے لائق ہی نہ تھی
کون اس جنس گراں قدر کی قیمت سمجھا
ہر طرف ٹوٹ پڑے جیسے ڈکیتوں کے گروہ
جس کے جو ہاتھ لگا مال غنیمت سمجھا

میں اگر ٹوکتا اندیشۂ رسوائی تھا
دور جمہور تھا خاموش تماشائی تھا

تھا ہر اک ذہن پہ مدت کی غلامی کا اثر
اس کشاکش سے میں گھبرا کے چلا آیا ہوں
ایسا اعزاز کہ ہو جس کا نتیجہ ذلت
میں اُس اعزاز کو ٹھکرا کے چلا آیا ہوں

۲۸

کتّوں کی کانفرنس

جب ایک گھر میں ایک ہی دن سات بچّوں کا جنم ہوا۔ ۱۹۶۹ء

ایک دن اخبار میں کچھ یوں خبر تھی بیش و کم
ایک گھر میں ایک ہی دن سات بچّوں کا جنم
اس عجوبہ پر ہزاروں تبصرے ہونے لگے
جتنے غیرت دار کتّے تھے وہ سب رونے لگے

شدّتِ غم سے ہر اک کتّے کو تپ چڑھنے لگا
بولے اب انساں ہماری ہمسری کرنے لگا

ایک کتّا تو یہاں تک کہہ گیا جذبات میں
کیا حماقت کی ہے اس نے آج کے حالات میں
جب کہ ساری قوم کے آگے ہے روٹی کا سوال
آج ہی کے دور میں اس کو دکھانا تھا کمال

اس کو لینا تھا جو ہم کتّوں کی صحبت کا اثر
اور بھی کچھ خوبیاں تھیں اُن پہ کرنی تھی نظر

سب سے پہلے یہ اصولِ زندگانی سیکھتا
کس طرح ہوتی ہے گھر کی پاسبانی سیکھتا
سب سے پہلے ہم سے لینا تھا اسے درسِ وفا
آج تک یہ جس سے بے بہرہ ہے اور ناآشنا

فقر و فاقہ سیکھتا لیتا قناعت کا سبق
ہم سے پہلے اس کو لینا تھا محبت کا سبق

۲۹

مطمئن ہیں غیر اس سے اور نہ خود اس کے عزیز
ہم کہ رکھتے ہیں سدا اپنے پرائے کی تمیز
یہ جیسے بھی مارتا ہے مارتا ہے بن کے یار
ہم کسی پر بھی نہیں کرتے کبھی چپکے سے وار

ہم چھپاتے ہیں نہ کالا دھن نہ کرتے ہیں بلیک
ہم مسلماں ہیں نہ ہندو ہے ہمارا دھرم ایک

ہم کسی کا بھی نمک کھا کر نہیں کرتے حرام
یہ مسلماں اللہ اللہ یا برہمن رام رام
ہم کرے نوشی ہی کرتے ہیں نہ ہم پیتے ہیں بھنگ
ہم میں ہڈی ڈال کر انسان کرواتا ہے جنگ

پھر بھی اپنی جنگ کو ہم مستقل کرتے نہیں
اس کی طرح مدتوں کشمیر میں لڑتے نہیں

اشرف المخلوق کیسے پڑ گیا تھا اس کا نام
کیا نہیں اے ساتھیو! یہ ڈوب مرنے کا مقام
یہ کرے چوری پتہ ہم سے لگاتی ہے پولس
ہم بتاتے ہیں تو اس کو کھینچ لاتی ہے پولس

کون سی پھر فوقیت ہے آج کے انسان میں
ہم سے آگے کب یہ پہنچا ہے کسی میدان میں

ہر مصیبت ہر بلا میں اس سے پہلے ہم گئے
انتہا یہ ہے خلا میں اس سے پہلے ہم گئے
ہم بھی ہوتے ہیں کبھی فطری تقاضوں کے شکار
صنف نازک کو مگر رکھتے نہیں سر پہ سوار

۳۰

اِک ہمارے واسطے قدرت نے رکھا ہے نظام
رات دن ہم نسل سازی کا نہیں کرتے ہیں کام
بات کیا سوجھی ہمیں نیچا دکھانے کے لیے
حرص بھی کرنے چلا بچے بنانے کے لیے

قطعات

وزرا اور صدارتِ مشاعرہ

تم نے اس دیش کو آزاد کرایا بے شک
چلو اچھا ہے وزارت بھی تمھیں نے لے لی
لیکن اعزاز کوئی ہم کو بھی چھوڑا ہوتا
بزم شعرا کی صدارت بھی تمھیں نے لے لی

(راکیش شرما) روسی خلا بازوں کے ساتھ ٹیلیفون پر

کوئی سمجھا ہی نہیں اس خوبصورت طنز کو
مجھ کو تو راکیش شرما کا بیاں اچھا لگا
ان سے جب پوچھا گیا کیسا لگا ہندوستاں
ہنس کے بولا دور سے ہندوستاں اچھا لگا

سُرخ بادل

انڈو پاک یکجہتی کے نام

ایکتا ایکتا سنتے ہوئے مدت گزری
ایک تو دھن کے پجاری نہیں ہونے دیتے
وہ جو بیٹھے ہیں بہت دور سمندر کے پرے
صلح کی رسم کو جاری نہیں ہونے دیتے

ہم ہوئے ایک تو دھن وان جئیں گے کیسے
خون جب تک نہ بہے گا یہ پئیں گے کیسے

سنگٹھن وقت کے دھارے کو کہیں موڑ نہ دے
رات دن فکر ہے اس دور کے زرداروں کو
ہم جو ہوتے ہیں کہیں ایک تو موقع شناس
ڈھونڈ لاتے ہیں مذاہب کے پرستاروں کو

اور تو ان کا ہر اک پیچ نکل جاتا ہے
صرف مذہب کا وہ جادو ہے کہ چل جاتا ہے

او روایات کے سیلاب میں بہنے والو
ہند کے باسیو اے پاک کے رہنے والو
اپنے بچوں کو ذرا گود میں لے کر سوچو
آج اُجڑی ہوئی ہر اک کوکھ تڑپتی ہوگی

کتنی مانگوں سے مٹا ڈالا ہے سندور کا رنگ
ان میں افشاں کی جگہ راکھ چمکتی ہوگی

سرخ جوڑے کو رنڈاپے نے لجا یا ہو گا
کمسنی میں جو کہیں سوگ منایا ہو گا
خون میں بھیگ گئے ہونگے فضا کے آنچل
کل کی مہندی جو چھڑانے کوئی بیٹھی ہوگی

اپنی آنکھوں میں سمیٹے ہوئے غم کے طوفاں
اپنے شوہر کے سرہانے کوئی بیٹھی ہوگی

دھرتی ماتا کا کلیجہ نکل آیا ہوگا
جب دوپٹہ کے کفن کہہ کے اڑھایا ہوگا
تک رہا ہوگا کہیں راہ کسی کا بچہ
باپ آئے گا تو سینے سے چمٹ جائے گا

کہہ دیا ہوگا کسی نے کہ اُبھاگے سوجا
اب وہ دنیا میں کہاں ہے جو پلٹ آئے گا

کیوں بلاتا ہے اُسے آنے سے مجبور ہے وہ
اُس کو آواز نہ دیجو کہ بہت دور ہے وہ
چھین لی تم نے کسی باپ سے اُس کی لاٹھی
وہ بڑھاپے کے سہارے کو کہاں سے لائے

ڈھونڈتا پھرتا ہے بیٹے کے جواں لاشے کو
اپنی آنکھوں کے ستارے کو کہاں سے لائے

وہ اندھیروں میں جس نے ضیا مانگی تھی
اسی بوڑھے نے بہاروں کی دعا مانگی تھی
مادرِ ہند کی وہ بیٹیاں کہلاتی ہیں
تم نے جن بہنوں کی پکڑی ہے کلائی بڑھ کر

جن کو بے پردہ کیا ہے بھرے بازاروں میں
چھین کے چل دیئے تم جن کے سروں کی چادر

کون جانے یہ حقیقت تمہیں معلوم بھی تھی
اُن میں مریم بھی تھی سیتا بھی تھی کلثوم بھی تھی

امن عالم سے اگر تم کو محبت ہوتی
ضبط کر سکتے تھے خاموش بھی ہو سکتے تھے

قتل جن بچوں کو کر ڈالا ہے گہواروں میں
اُن میں ٹیپو یا کئی بوس بھی ہو سکتے تھے

کل وہی گاندھی و آزاد کا ارماں بنتے
وہی پودے جو پنپتے تو گلستاں بنتے

کل پہاڑوں سے جو سیلاب کوئی پھوٹ پڑا
یہ منارے یہ کلس ڈوب کے رہ جائیں گے
تم نے مذہب کے جو گاڑے ہیں زمیں پہ جھنڈے
ایک ہی رو میں اُکھڑ جائیں گے بہہ جائیں گے

صرف الفاظ سے دیتے ہو شہیدوں کو خراج
کچھ عمل کر کے دکھاؤ تو کوئی بات بنے

تم نے نفرت سے سر راہ جنھیں چھوڑ دیا
اُن کو سینے سے لگاؤ تو کوئی بات بنے

جوتا

پارلیمنٹ میں سستے جوتے پر ٹیکس معاف کرنے کی تجویز پر اختلاف تھا۔ ۱۹۶۷ء

اس نئی تجویز پر اک شور تھا ایوان میں
اور بھی تو ٹیکس جاں لیوا تھے ہندوستان میں
اور بھی چیزیں تھیں جن پر ٹیکس کی بھرمار ہے
اس رعایت کا مگر جوتا ہی کیوں حق دار ہے

رفتہ رفتہ بڑھتا جاتا تھا ہر اک ممبر کا جوش
تڑسے اک جوتے نے آکر کر دیا سب کو خموش

بولا جوتا مجھ کو یہ تکرار بھاتی ہی نہیں
یہ بھی بتلا دوں خوشامد مجھ کو آتی ہی نہیں
یہ بھی واضح ہو کہ ہوں روزِ ازل سے بدمزاج
ٹیکس اور مجھ پر لیا ہے میں نے دنیا سے خراج

میں کہ ہوں قہرِ الٰہی میں کہ عالی جاہ بھی
میں ہی چنگیز و ہلاکو میں ہی نادر شاہ بھی

تم نے دیکھی ہی نہیں شاید مری شانِ عظیم
مداح خواں ہے میرا ہر دورِ رواں دورِ قدیم
دخل رکھتا ہوں نہ رکھتا تھا کبھی اخلاق میں
پھر بھی میرا ذکر ہے تاریخ کے اوراق میں

وادیٔ گجرات ہو یا ہو چمن زارِ دکن
ہر جگہ رکھی ہے میں نے گرم اپنی انجمن

۳۵

مدتیں گزریں مگر رنگِ طبیعت ہے وہی
آج بھی دنیا میں میری شان و شوکت ہے وہی
آج پاکستان قائل ہے مری تاثیر کا
وہ مجھ سے پوچھتا رہتا ہے حل کشمیر کا
لکھنے والے اس کو لکھیں گے نئے اتہاس میں
مسئلہ بھاشا کا میں نے طے کیا مدراس میں

میں نہیں ساتھی تو کوئی بھی نہیں لیتا خبر
پابرہنہ جیسے اُردو پھر رہی ہے در بدر
ہر قدم پہ چھوڑتا جاتا ہوں اپنی یادگار
خطۂ پنجاب، ہریانہ ہے جس کا شاہکار
یہ تو قسمت ہے کہ سستے دام آجاتا ہوں میں
ورنہ ہر اسمبلی میں کام آجاتا ہوں میں

اچھے اچھوں کی بنا رکھی ہے میں نے دُردشا
میں ہوں طاقت نام ہیں میرے ہی بوٹن ورشا
کون ہے جو جا کے واشنگٹن میں جھک جاتا نہیں
ایک وہ ہوں میں جو یو۔این۔او سے گھبراتا نہیں
مرحلہ کوئی بھی ہو میں موجبِ تکمیل ہوں
نیگرو ہوں میں ہی میزو میں ہی اسرائیل ہوں

جس طرف دیکھو گے پاؤ گے مرا ہی انتظام
ہو وہ کوئی الجزائر یا ہو کوئی ویت نام
مجھ کو حیرت ہے کہ کیسے نام نیچے تھا مرا
لیڈروں سے تو الیکشن کا بہ پیچھے تھا مرا

۳۶

ٹیکس مجھ پر لگ گیا ہوگا کسی کی بھول سے
یا کوئی نا آشنا ہوگا پرانے رول سے
کون ہے ورنہ نہیں واقف جو میرے نام سے
میری عادت میری خصلت اور میرے کام سے

جس کو تم سمجھے رعایت وہ مرا ادھیکار ہے
سچ اگر پوچھو تو یہ دنیا ہی اپنی یار ہے

اہل دانش جانتے تھے قدر و قیمت کو مری
قدر گوہر شاہ داند یا بہ داند جوھری

اے امرجنسی

جب راشٹرپتی کی طرف سے ہمارے ملک میں ایمرجنسی کا اعلان ہوا۔ ۱۹۷۶ء

تجھ سے پہلے تھا عجب اپنے وطن کا منظر
صرف بازار تھے آتی نہ تھی کچھ چیز نظر
کالے دھندے نے اٹھائی تھی قیامت سر پر
تیری تعریف کوئی کرتا تو کرتا کیوں کر

اہل بھارت نے نہ دیکھا تھا کبھی کام ترا
بانگلہ دیش سے مشہور ہوا نام ترا

تو نے ٹائٹ جو کیا آکے بیوپاری کو
نفع خوری کو ملاوٹ کو دوکانداری کو
جرنل مرچنٹس کو عطار کو پنساری کو
اور تو اور ہیں سرکاری کرمچاری کو

صابن و تیل ترے نام سے باہر آیا
ڈالڈا پگھلا تو گودام سے باہر آیا

اے امرجنسی حقیقت میں ہے کیا کیا تری دین
تجھ سے پہلے بھی کبھی وقت پہ آئی تھی ٹرین
دو قدم چلنے نہ پاتی تھی کہ کھنچ جاتی تھی چین
اب تو یوں اڑتی ہے جس طرح اڑے کوئی پلین

لیٹ ہونے کے تصور سے بھی گھبراتی ہے
اب تو کچھ وقت سے پہلے ہی چلی آتی ہے

اگر برا نہ لگے (طنزیہ مزاحیہ شاعری) ہلال سیوہاروی

۳۸

رات کی رات مکاں گر گئے اچھے اچھے
وہ مکاں پکے مکاں تھے کہ گھروندے کچے
کون کہتا ہے کہ سپنے نہیں ہوتے سچے
دیکھ کے سڑکیں کشادہ بڑے خوش ہیں بچے

سب دعا دیتے ہیں جمہور کی شہزادی کو
راستہ دے دیا بڑھتی ہوئی آبادی کو

ملک میں فرقہ پرستی بھی تھی رستہ ناسور
تیرے مرہم نے کیا اُس کی جلن کو کافور
یہی نیتا جو کہ آپس میں رہے دور ہی دور
جیل پہنچے تو نظر آگئی شام جمہور

دور اندیش و خردمند علی ایک ہوئے
جب حوالات میں پہنچے تو سبھی ایک ہوئے

ایک سے اک کی ادائیں ملیں جذبات ملے
ایک سے ایک کے حلیے ملے حالات ملے
فلسفے آئیڈیے اور خیالات ملے
جو پس پردہ تھے اب تک وہ کمالات ملے

اس میں کیا شک ہے ہر اک فن کے یہ ماہر نکلے
یہ تو سب ایک ہی منزل کے مسافر نکلے

تیرے اس نکتہ پہ سب بیش نکاتی ہیں نثار
یعنی جو لوگ تھے آپس میں تعصب کے شکار
ساتھ مل بیٹھنا جن کو تھا نہایت دشوار
ذہن سے صاف ہوا جیل میں نفرت کا غبار

ایک ہی تھال میں کھاتے ہوئے دیکھا ان کو
ایک ہی نل پہ نہاتے ہوئے دیکھا ان کو
اے امرجنسی تو غیروں میں یگانوں میں گئی
سرفروشوں میں گئی سوختہ جانوں میں گئی
چھوٹے ورگوں میں گئی اونچے گھرانوں میں گئی
باؤنڈری پھاند کے کالج کے جوانوں میں گئی
پیار کا ان کو سبق اور کسی نے نہ دیا
تو نے ہی زہر سیاست انھیں پینے نہ دیا
اے امرجنسی تو کس کس کے ٹھکانوں پہ گئی
رکشے والوں سے ملی چھوٹے کسانوں پہ گئی
چائے والوں کی پھٹیچر سی دوکانوں پہ گئی
اونچے محلوں کے سوا سب کے مکانوں پہ گئی
یہ ترے ذہن سے معدوم ہیں ان سے بھی تو مل
تیرے درشن سے یہ محروم ہیں ان سے بھی تو مل
ورنہ اتہاس کے پنے تجھے طعنے دیں گے
تجھ کو بھارت میں دوبارہ نہیں آنے دیں گے

قطعہ

پارلیمنٹ میں کسی نے جب جوتا پھینک کر مارا

کیسے ممکن ہے کہ دنیا میں کوئی بھی انساں
بل پہ تقدیر کے تقدیر سے لڑ سکتا ہے
جس کی ایجاد تھی پیروں کی حفاظت کے لیے
کیا خبر تھی وہ کبھی سر پہ بھی پڑ سکتا ہے

۴۰

مسز گاندھی کی دوبارہ کامیابی پر

مسز گاندھی جب الیکشن میں دوبارہ کامیاب ہوکر پارلیمنٹ میں داخل ہوئیں۔

سن ۱۹۷۱ء اکہتر میں سنا تھا لکشمی بائی ۱۹۷۸ء ہے تو
اور پھر اس دور میں دُرگا بھی کہلائی ہے تو
کتنے طوفانوں سے پھر کشتی کو کھے لائی ہے تو
کس نئے انداز سے ایوان میں آئی ہے تو

میں سمجھتا ہوں جو نسبت ہے تجھے اس دیش سے
ورنہ عورت رونے لگتی ہے ذرا سی ٹھیس سے

وقت کے لمحات پھر سے تجھ کو راس آنے لگے
وہ جو تجھ سے دور تھے اب تیرے پاس آنے لگے
بر بنائے مصلحت موقع شناس آنے لگے
جانے کتنے ہیں جو ہو کر بدحواس آنے لگے

شہ سواران سیاست کے پیام آنے لگے
تجھ کو اب تیرے حریفوں کے سلام آنے لگے

تجھ کو نس بندی کے مارے نوجوانوں کا سلام
تجھ کو دلّی کے سیاسی پہلوانوں کا سلام
تھے جو بلڈوزر کی زد میں اُن مکانوں کا سلام
جامع مسجد کی سبھی اُجڑی دوکانوں کا سلام

مولوی صاحب کا آنند مارگیوں کا سلام
لکھنؤ کے سنیوں کا اور شیعوں کا سلام

۴۱

اُتری بھارت کا پنجاب ہماچل کا سلام
جارج فرنا ڈیز کا پرکاش بادل کا سلام
جموں و کشمیر کا کنیا کماری کا سلام
باجپائی جی کا عبداللہ بخاری کا سلام

اِن کو حیرت ہے تو کیسے آگئی میدان میں
ہم تو تجھ کو دفن کر آئے تھے قبرستان میں

اصل میں بڑھتی گرانی نے تجھے زندہ کیا
ہر طرف رشوت ستانی تجھے زندہ کیا
لیڈروں کی مہربانی نے تجھے زندہ کیا
کرسیوں کی کھینچا تانی نے تجھے زندہ کیا

اب دوبارہ تیرا چرچا شورشِ حالات تھی
ورنہ تیرا لوٹ آنا خواب کی سی بات تھی

۴۲

مچھروں سے پریشان ہوکر

۱۹۸۲ء

آج کل تم سے جو رہتی ہے ملاقات کی رات
یعنی مہمان رہا کرتے ہو تم رات کی رات
آج بس اتنا بتا دو کہ ہے جذبات کی رات

خود کو تم دن کے اُجالے سے بچاتے کیوں ہو
یہ تو بتلاؤ کہ تم رات میں آتے کیوں ہو

تم سے میری تو کوئی رنجش بے جا بھی نہیں
تم کو محسوس کیا ہے کبھی دیکھا بھی نہیں
تم سے ملنے کی مجھے کوئی تمنا بھی نہیں
خواہ مخواہ مجھ سے تعلق کو بڑھاتے کیوں ہو
یہ تو بتلاؤ کہ تم رات میں آتے کیوں ہو

میرے کمرے میں اگر کوئی سجاوٹ بھی نہیں
گندگی بکھری ہو اتنی تو گراوٹ بھی نہیں
پکے راگوں سے مجھے کوئی لگاوٹ بھی نہیں
بھیرویں آکے مرے کان میں گاتے کیوں ہو
یہ تو بتلاؤ کہ تم رات میں آتے کیوں ہو

کسی حلوائی کی بھٹی پہ بھی جا کر دیکھو
اپنا یہ راگ وہاں بھی تو سنا کر دیکھو
سورما ہو تو کبھی دن میں بھی آکر دیکھو
تم اندھیرے میں سدا تیر چلاتے کیوں ہو
یہ تو بتلاؤ کہ تم رات میں آتے کیوں ہو

سوکھے پتے میں جلاتا نہیں اپنے گھر میں
کیمیکل بھی کوئی لاتا نہیں اپنے گھر میں
میں کسی کو بھی ستاتا نہیں اپنے گھر میں
تم بھی بے وجہ میرے یار ستاتے کیوں ہو
یہ تو بتلاؤ کہ تم رات میں آتے کیوں ہو

کشتیٔ وصل شبِ تار میں کھے سکتے تھے
زخم دیتے ہوئے مرہم بھی تو دے سکتے تھے
بوسہ لینا تھا تو آہستہ بھی لے سکتے تھے
اس قدر شدتِ جذبات دکھاتے کیوں ہو
یہ تو بتلاؤ کہ تم رات میں آتے کیوں ہو

تم سے بچھڑا بھی تو کیا خاک قرار آئے گا
صبح ہوگی تو مجھے جاڑا بخار آئے گا
مکسچر آئے گا تو ظاہر ہے اُدھار آئے گا
مفلسی میں یہ نیا خرچ بڑھاتے کیوں ہو
یہ تو بتلاؤ کہ تم رات میں آتے کیوں ہو

لاکھ فریاد کی پر ایک نہ تم نے مانی
تم نہ باز آئے بہت جسم پہ چادر تانی
اب کچھ دن سے لگا لیتا ہوں مچھر دانی
شام ہی سے یہ توالات دکھاتے کیوں ہو
یہ تو بتلاؤ کہ تم رات میں آتے کیوں ہو

تم کو ڈھونڈا نہ ہو میں نے کبھی ایسا بھی نہیں
تم پہنچتے ہو جہاں ہاتھ پہنچتا ہے وہیں
کیا کروں میں کہ مرے ہاتھ بھی آتے ہو کہیں

ورنہ یہ پوچھتا تم بھاگ کے جاتے کیوں ہو
یہ تو بتلاؤ کہ تم رات میں آتے کیوں ہو

آئے گا وقت کا طوفان تو پچھتاؤ گے
سوکھے پتوں کی طرح تم بھی بکھر جاؤ گے
تم بھی کیا گرم ہواؤں میں ٹھہر پاؤ گے
اور کچھ روز ہو تم شور مچاتے کیوں ہو
یہ تو بتلاؤ کہ تم رات میں آتے کیوں ہو

قطعہ

بھارت اور خلیج

بھارت کا منڈل جا پہنچا یہ خون کی ہولی بند کرو
ہم لوگ اہنسا وادی ہیں دنیا کو سندیسہ دینا ہے
بھارت کی پریشانی ہے عجب دونوں میں کہے تو کس کی کہے
اک گھر سے روزی روزی ہے اک گھر سے قرضہ لینا ہے

غالب گھر

جب دلی نظام الدین میں غالب گھر بنایا جا رہا تھا ۔ ۱۹۶۹ء

(صدر مملکت کے حضور میں)

غالب کے گھر کو یاروں نے جو دیکھا جو خستہ حال
غالب کا گھر بنانے کا آ ہی گیا خیال
غالب کو لے کے نکلے وہ دلی کے کو بکو
دیکھیں تو کیا ہے شہر میں غالب کی آبرو
سوچا جناب صدر سے جا کر کہیں شتاب
کیا فرض ہے کہ سب کو ملے ایک سا جواب
فریاد کی کہ سنتے ہو یا شاہ ذی وقار
آیا ہے اک رہین ستم ہائے روزگار
یہ خانماں خراب ہے مدت سے دہر میں
اس کو بھی اک مکاں کی ضرورت ہے شہر میں
آبائی اک مکان تھا سو ہے گرا ہوا
دیوار و در پہ ہے وہی سبزہ اُگا ہوا
غالب کھڑے تھے دیر سے دروازے پہ نڈھال
نہ مژدۂ وصال نہ نظارۂ جمال
درباں بھی چپ تھا ان کو سمجھ کے گدا کوئی
غالب بھی چپ تھے کس طرح دیتے صدا کوئی
آخر جمود ٹوٹ گیا اک صدا کے ساتھ
اب دشمنی رہی نہ اثر کو دعا کے ساتھ
آواز آئی غالبِ خستہ کو آنے دو
جو داستانِ شوق سنائے سنانے دو

غالب کا اک قدم اُٹھا! اُٹھ کر ٹھہر گیا
دل ہی تو ہے سیاستِ درباں سے ڈر گیا

دل میں طرح طرح کے گزرنے لگے گماں
اُن کی صریرِ ناز کہاں اور ہم کہاں

پہنچے تو ان سے کہنے لگے صدرِ مملکت
ہم کو بھی کچھ سُنایئے جنت کی سرگزشت
کیا آج کل ہیں آپ کے انداز میکشی
غالب چُھٹی شراب کہ اب بھی کبھی کبھی
ملتی ہے قرض کی کبھی جنّت کے باب میں
پیتے ہو روزِ ابر و شبِ ماہتاب میں
ہیں جمع کتنے نقش ہائے آرزی
سیکھے تھے مہ رُخوں کے لئے تم مصوّری

یارانِ مے گسار وہاں کِس قدر سے ملے
دی تھی دعا کسی نے کہ جنّت میں گھر ملے
غالب نے عرض کی کہ زمانہ بدل گیا
گھر کو لگی وہ آگ کہ جو کچھ تھا جل گیا
یوں گھر کی بات آگئی پھر بات بات میں
غالب تو خود بھی دیر سے بیٹھے تھے گھات میں
کہنے لگے یہ صدر بصد عجز و انکسار
اے بادہ خوار علم تصوّف کے رازدار
اک بات پوچھتا ہوں نہ گزرے اگر گراں
دنیا کا یہ وبال کہاں اور تم کہاں
ہم تو سمجھ رہے تھے ارادے کے ہو اٹل
تم قائل مزار و جنازہ نہیں تھے کل

۴۷

رسوائیوں سے بچنے کا سامان کیا ہوا
دریا میں غرق ہونے کا ارمان کیا ہوا
وہ کیا ہوئے اصول کہ جن پہ تھے کاربند
اُس کی گلی میں دفن نہ ہونا کیا پسند
ایمان کی کہو یہ تمہارا بیاں نہ تھا
دو گز زمیں کے بدلے بیاباں گراں نہ تھا
کرتے تھے یاد تم کو مگر یاد ہی نہ تھا
وہ عیش دشت میں تھا کہ گھر یاد ہی نہ تھا
کیا بات ہے جو بار دگر یاد آگیا
جنّت بھی دشت ہے کہ جو گھر یاد آگیا
پامال ہوتے دیکھی جو اُمیدِ التفات
غالب کے منہ پہ آئی سخن گسترانہ بات
کہنے لگے کہ میری بھی سنئے جہاں پناہ
صادق ہوں اپنے قول کا غالب خدا گواہ
میں نے تو خود کہا تھا بناؤں گا جب مکاں
جب ہم سخن ہو کوئی بھی میرا نہ ہم زباں
اب آگیا وہ دور کہ ویسا ہی حال ہے
خوش ہوں کہ میری بات سمجھنا محال ہے
اردو کا خاتمہ ہوا کب کا نصاب سے
یہ بات بھی چھپی تو نہ ہوگی جناب سے
غیروں کے ڈر سے لوگ زباں کھولتے نہیں
بندہ نواز آپ بھی کچھ بولتے نہیں
مرزا کی بات اصل میں اک واردات تھی
تردید کون کرتا صداقت کی بات تھی

۴۸

غالب بہک چلے تھے مگر پھر سنبھل گئے
کرکے طواف کوئے ملامت نکل گئے
آپس میں کہہ رہے تو جو آئے تھے ساتھ ساتھ
وا حسرتا کہ صدر نے کھینچا رقم سے ہاتھ
آزردہ خاطری ہوئی غالب کی بے سبب
پھر شوق کر رہا تھا خریدار کی طلب
اتنے میں ایک زور سے گونجی کوئی صدا
آواز آئی مان لی غالب کی التجا
ایسا نہ ہو کہ ہم سے تغافل کا ہو گلہ
مرزا کو بیس لاکھ کی تھیلی کرد عطا
یہ مسئلہ زبان کا سوچیں گے پھر کبھی
غالب کو میوزیم میں رکھو بے زبان ابھی
پھر اس کو مشتہر کرو سارے جہان میں
یہ آٹھواں عجوبہ ہے ہندوستان میں

غالب ہمدرد دواخانے میں

جب دلی نظام الدین میں غالب گھر بنایا جا رہا تھا ۔ ۱۹۶۹ء

پوچھا غالب نے سوالی کی ہے عظمت کس میں
بولے شاگرد کہ ہے حسن طلب میں اُستاد
پوچھا غالب نے میں اس وقت کہاں بیٹھا ہوں
بولے شاگرد کہ ہمدرد مطب میں اُستاد
سنتے ہی لفظ مطب آگئی سُرخی منہ پر
ایک شاگرد سے فرمایا کہ اے میرے عزیز
ایک مدت ہوئی پیتے ہوئے تجھ کو لیکن
آج تک اچھے بُرے کی تجھے آئی نہ تمیز
میکدے لانا تھا مجھ کو کہ دواخانے میں
خاک میں تو میری عظمت کو ملاتا کیوں ہے
پیٹ بھر کے کبھی روٹی بھی نہ کھائی جس نے
اس کو پھنکول بلا وجہ کھلاتا کیوں ہے
میرے مصرعوں میں کہاں پڑتا ہے تم ریکاں
میرے شعروں کو املتاس کی حاجت کیا ہے
کون سا شعر ہے جو ہضم نہیں ہو سکتا
حب ہاضم کی بھلا اِن کو ضرورت کیا ہے
شاعرو اُردو نوازو مرے چیلو چپا ٹو
مجھ کو معجون مرکب نہ بنا ڈیارو
جس کے دُکھ کی نہ دوا کر سکے ابن مریم
کم سے کم اُس کو بنفشہ نہ پلاؤ یارو

روح افزا مجھے دیتے ہو بجائے مے ناب
تازگی دے گا کہ کردے گا مجھے اور اُداس
ہائے جس کے تپِ سوزاں کا مداوا ہی نہ تھا
کیسے مٹ جائے سنکارا سے غم کا احساس
مجھ کو دینی تھی صبوحی کے صدوری بولو
اتنی توہین میں برداشت نہ کر پاؤں گا
تم نے سوچا ہی نہیں بلغمی رکھتا ہوں مزاج
عرق شاہترا پیتے ہی مر جاؤں گا
بولے شاگرد چچا آپ غلط سمجھے ہیں
ہم نے بے وجہ نہیں آپ کو زحمت دی ہے
ایک کوڑی بھی جہاں مل نہ سکی مانگے سے
اس ادارے نے وہاں آپ کو دولت دی ہے
جب کہ دم توڑ رہی تھی لبِ جمنا اُردو
اچھے اچھوں نے نہ کچھ حوصلہ افزائی کی
یوں تو دلی میں تھا دعویٰ حذاقت سب کو
اسی عطار کے لونڈے نے مسیحائی کی

قطعہ

یہ ملک عزیب کی ایک تقریر سن کر

تیرے ہونٹوں پہ صداقت کی یہ باتیں کیسی
یہ حقیقت کے عوض خواب و فسانہ تو نہیں
قوم کے درد میں ڈوبی ہوئی تیری آواز
یار نزدیک الیکشن کا زمانہ تو نہیں

مشورہ برائے مشاعرہ

ایک صاحب مشورہ لینے آئے تھے مگر مشورہ دے کر چلے گئے ۔ ۱۹۹۳ء

بہت ہی رسٹپٹائے سے بہت گھبرائے گھبرائے
سحر ہونے نہ پائی ایک صاحب میرے گھر آئے
میں بولا خیریت بولے خدا کی مہربانی ہے
مگر اک محفل شعر و سخن کی دل میں ٹھانی ہے
میری عادت ہے جو بھی سوچتا وہ کر دکھاتا ہے
ذرا سا مشورہ دیجے کہ کس کس کو بلانا ہے
کہا میں نے صدارت کے لئے ہے مسئلہ پہلے
وہ بولے کر لیا ہے طے یہ میں نے مرحلہ پہلے
ہمارے ملک میں جس کی ہے اک پہچان برسوں سے
صدارت کا لئے پھرتا ہے جو ارمان برسوں سے
ارادوں کا اٹل ہے قول کا بھی اپنے سچّا ہے
صدارت کے لئے دھرتی پکڑ سے کون اچھا ہے
کہا میں نے نظامت کے لیے بھی پھر بتا دیجے
وہ بولے لائیے ثقلین حیدر کا پتہ دیجے
کہا میں نے لطیفوں سے وہ لوگوں کو ہنساتے ہیں
وہ بولے واقعات کربلا بھی تو سناتے ہیں
کہا میں نے ملک زادے کے حق میں کیا ارادہ ہے
وہ بولے آدمی قابل تو ہے نخرہ زیادہ ہے
میں بولا نوجوانوں کا جو اک محبوب شاعر ہے
میں اُس کا نام بھولا ہوں بہت ہی خوب شاعر ہے

وہ جس کی شاعری میں لفظ لڑکی اک سہارا ہے
وہ بولے کیا جناب بدر کی جانب اشارہ ہے
کہا میں نے نظامت بھی وہ کتنی خوب کرتے ہیں
وہ بولے کچھ نہیں ہے خواہ مخواہ مرعوب کرتے ہیں
اُنھیں یہ وہم ہے محفل میں سب نافہم آتے ہیں
وگرنہ شعر پڑھتے ہیں تو مطلب کیوں بتاتے ہیں
کہا میں نے غزل کی فیلڈ میں حضرت شمیم اچھے
وہ بولے میری رائے میں پروفیسر وسیم اچھے
میں بولا بھائی اب تو سانس ان کی ٹوٹ جاتی ہے
وہ بولے ٹوٹنے دو اُس کو پبلک خود اٹھاتی ہے
کہا میں نے کہ وہ جو نور اک اندور والے ہیں
وہ بولے وہ بھی اب تو صرف یادوں کے اجالے ہیں
کہا میں نے کہ اک گلزار شاعر خاندانی ہے
وہ بولے اک سوا اللہ کے ہر چیز فانی ہے
کہا میں نے نواز دراز ہیں منظر ہیں ساغر ہے
لگے کہنے لغت میں نام بھی اُردو کا لشکر ہے
کہا میں نے کہ ماجد شاعری دن رات کرتے ہیں
وہ بولے آپ کیوں ٹاپک سے ہٹ کر بات کرتے ہیں
کہا میں نے کہ بیکل سے مرا رشتہ پرانا ہے
پھر اُن پہ گیت ہیں غزلیں ہیں اور قومی ترانہ ہے
وہ بولے یار میں تو خود بھی اُن کے نام کو چُنتا
مگر اب تو یہاں ٹیگور کو کوئی نہیں سُنتا

۵۳

میں بولا ذہن میں اب تک شجاعؔ خاورؔ نہیں آئے
وہ بولے وہ ابھی تھیلی میں ہیں باہر نہیں آئے
کہ اُن کی پوسٹ ہی ایسی ہے جب مائک پہ آتے ہیں
تو جتنے چور شاعر ہیں وہ اٹھ کر بھاگ جاتے ہیں
کہا میں نے نداؔ کو یاد ہی رکھا نہیں گویا
وہ بولے وہ ندا جس کو کبیرا دیکھ کے رویا
کہا میں نے کہ پھر اک شاعرہ کو ہی بلاتے ہیں
وہ بولے اُس میں جھگڑا ہے وہ دو دو ساتھ آتے ہیں
کہا میں نے کہ پھر تو صرف راحتؔ کا زمانہ ہے
وہ بولے اُن کا مقصد قوم کو غیرت دلانا ہے
ودیشوں میں گئے تو شاعری کی لاج رکھ آئے
عجائب گھر سے خود تو لوٹ آئے تاج رکھ آئے
کہا میں نے کہ دل کش ہے کبا اور یہ پاپلر کیا ہیں
وہ بولے یار یہ طنز و مزاح میں دخل بے جا ہیں
میں بولا میرے بارے میں بتائیں کیا ارادہ ہے
وہ بولے کیا بتاؤں وقت کی قیمت زیادہ ہے

قطعہ

راجیو گاندھی کو خراج عقیدت سے

بجا کہا جو شہیدِ وطن کہا تجھ کو
یہ حیثیت تجھے دنیا میں نام کر کے ملی
اب اس سے آگے ترا احترام کیا ہوگا
ملی جو موت بھی تجھ سے سلام کر کے ملی

خوں بہا ——— ایک اعتراض

شاعر نذرانہ کیوں لیتے ہیں — ۱۹۹۴ء

ایک زمانہ تھا کہ حاصل تھا وہ شاعر کو وقار
یہ جو دربار میں جاتا تھا تو ہاتھی پہ سوار
اب ہمیں ریل میں دیکھو گے تو یہ ہی فن کار
گیلری میں کھڑے ملتے ہیں ادب کے معمار

کتنے نااہل پلینوں میں سفر کرتے ہیں
ہم ٹرینوں میں شبِ غم کی سحر کرتے ہیں

دشمنوں میں کبھی احباب میں ہم جاتے ہیں
سندھ و گجرات میں پنجاب میں ہم جاتے ہیں
کبھی طوفاں کبھی گرداب میں ہم جاتے ہیں
آئے سیلاب تو سیلاب میں ہم جاتے ہیں

سلسلے اب تو امارات سے جوڑے ہم نے
اب سمندر میں بھی دوڑا دیئے گھوڑے ہم نے

فصل اُردو کی کمایوں میں اُگائی ہم نے
پوڑی گڑھوال میں جا بزم سجائی ہم نے
نظم ہریانہ کے جاٹوں کو سنائی ہم نے
کی ہے مدراس میں مشکل سے رسائی ہم نے

ہم کو اُردو ہی کی خاطر یہ پریشانی تھی
ورنہ یہ نسل تو اُردو ہی سے بے گانی تھی

داغ کی ذوق کی حسرت کی یہ پیاری غزلیں
آج دیکھو گے ہر اک لب پہ ہیں جاری غزلیں

۵۵

ہوگئیں اب تو ہر اک ذہن پہ طاری غزلیں
آدی واسی بھی سمجھتے ہیں ہماری غزلیں

واسطہ جن کا رہا صرف بیابانوں سے
آشنا ان کو کیا عشق کے افسانوں سے

میزبانی کی ہر اک رسم نرالی بھی سہی
ساغرِ مے کی جگہ چائے کی پیالی بھی سہی
طعنہ و طنز بھی بے وقت کی تالی بھی سہی
داد تو داد ہے بے داد سی گالی بھی سہی

پھر بھی اس اُردو سے رشتہ نہیں توڑا ہم نے
قتل گاہوں میں لہو اپنا نچوڑا ہم نے

اپنی تہذیب سے بھی آنکھ چرائی ہم نے
عہدِ کہنہ کی ہر اک رسم مٹائی ہم نے
کس طرح کی ہے یہ برداشت برائی ہم نے
یہ غزل تھی جو کھڑے ہو کے سُنائی ہم نے

ہم نے اپنا لیا غزلوں میں گلوکاری کو
ٹھیس حالاں کہ لگی میر کی خودداری کو

موج و کیفی و ندا نور و حفیظ اور شمیم
منظر و راحت و معراج کہ ساغر کہ وسیم
سخت سردی میں ٹھٹھرتی ہوئی یہ ٹیم کی ٹیم
کہیں مایوس سی بیٹھی ہے حنا اور نسیم

کیشیئر بھاگ گیا چندے کا پیسہ لے کر
یہ کہاں جائیں چراغِ رُخِ زیبا لے کر

۵۶

ہند اور پاک ہی کیا دہر میں مشہور ہیں ہم
خدمت اردو ادب کے لیے معمور ہیں ہم
صرف خادم ہیں تجارت سے بہت دور ہیں ہم
خوں بہا اس لیے لیتے ہیں کہ مجبور ہیں ہم
خشک صحرا میں میاں پھول نہیں کھلتے ہیں
ہم کو شاہوں سے وظیفے بھی نہیں ملتے ہیں

اگر برا نہ لگے (طنزیہ مزاحیہ شاعری)   ہلال سیوہاروی

طنز و مزاح پر مبنی معیاری نظموں کا ایک دلچسپ انتخاب

پسِ روشنی

مصنف : ساغر خیامی

بین الاقوامی ایڈیشن منظر عام پر آ چکا ہے

اگر بر انہ لگے (طنزیہ مزاحیہ شاعری)

ہلال سیوہاروی

ظریفانہ اور طنزیہ کلام کا ایک یادگار مجموعہ

شعلۂ گل

مصنف : مقصد الہ آبادی

بین الاقوامی ایڈیشن منظر عام پر آچکا ہے